Conny Mayrobnig

Dunkelbuntes
Sometimes we have the Blues....

Conny Mayrobnig, aufgewachsen in Sankt Valentin, NÖ, studierte Anglistik und Romanistik in Wien, wo sie seit vielen Jahren unterrichtet und lebt. Seit ihrer Jugend gilt ihre Leidenschaft dem Schreiben und dem Gesang.

Impressum:

© 2016 Texte & Bilder inkl. Cover

Cornelia Mayrobnig

Herstellung und Verlag:

BoD – Books on Demand, Norderstedt

ISBN 978-3-741-28268-3

Inhalt

Graue Gedichte –
Sometimes we have the Blues

In diesem Grau

Hoffnung

Im Nirgendwo

Freiheit

Landung

Verirrt

Es ist der Regen

Es war einmal

Und dennoch

Enttäuschung

Harmonie

Attention

Sehnsucht

Ohne Hast

Schnee von gestern

She's a homemaker

When things break up

Liebesgedichte - Love is in the Air

Flatterndes Licht

Zuversicht

Es ist die Zärtlichkeit

Peaceful

Friedlich

Weißt du

Feuer im Kamin

Radikal

Liebe

Was ist das?

Den Faden verlieren

Schwarze Gedichte – Black is the Color of my Thoughts

Winterwind

Der Regenbogen

Trost

Schweigen

Der Tod ist eifrig

Wagemut

Angst

Im Bachbett

Zakynthos

Some Fun

Der Gockel

Ort

May

Ganz schamlos

Erinnerungen an schöne Tage – Those were the days

Rust am See

Aus dem Leben einer Palme

Stationen eines Aufenthalts

Graue Gedichte

Sometimes we have the Blues

In diesem Grau

In diesem Grau
wär ich so gern
grau wie das Grau,
vor dem mir graut.
Doch bin ich gelb und grün
und blau
und spür das gleichmütig
blasse Grau
so grell auf mir,
dass ich mein Gelb, mein Grün,
mein Blau
am liebsten grau....

um endlich nicht mehr
so zu frieren.

Hoffnung

Dort, wo sich Felder
am Horizont verlaufen,
verliert sich die Sehnsucht
nach mehr.

Das Blau der Gedanken
ringt mit asphaltgrauem Alltag
und atmet schwer.

So manche Sorge
durchpflügt die Hoffnungslandschaft,
lässt Pflanzen welken,
doch andere sprießen.

Nichts ist vorbei.
Es geht weiter.
Es liegt bloß an dir.

Im Nirgendwo

Die Klötze trotzen allen
Weichen.
Versperren Tür und Tor
dem leichten Weg
ins Irgendwo.
Zwingen stattdessen ins
Nirgendwo,
wo ICH und DU noch nicht
entdeckt
und bloß das ES
im Raume schwebt.

Freiheit

Die Wut glättet sich.
Ich bin nicht mehr brav.
Bewegte Träume sind selten.
Die Gegner verblassen.
Nicht zittern, nicht hasten.
Das Lächeln ist frei.
Ich will ohne Zagen
nun alles sagen.

Landung

Ist denn das Blatt im Wind
der Spiegel deiner Schwerelosigkeit?
Lässt es sich fallen,
fällt es weich in einen Schoß.
Mit müdem Lächeln sagst du dir,
die Wohligkeit des Schwebens,
Flatterns, Abwärtsstrebens,
der Zorn, der sich im Fallen
glättet,
die sanfte Landung,
die den Halt gewährt -
sie ist es,
die du misst.

Verirrt

Ins Schweigen hat sich
ein Fehler verirrt.
Gar bange ist ihm zumute.
Wie laut er sich
anfangs Platz verschuf!
Wie wortkarg er sich
nun sputet.

Es ist der Regen

Es ist der Regen,
der die Hand schützend
über mich hält.
Kein klaffender Himmel,
der mich verschluckt.
Kein unbegrenztes Land.

Tropfen.
Und unbeirrt
klammert sich der Blick
an die schwitzende Erde.

Es war einmal....

Es war einmal ein Schotterteich.

In meiner Kindheit.

Mit Schwänen,

üppigem Schilf

und kleinen Inseln.

Man konnte sich

treiben lassen,

verkriechen,

verstecken,

geborgen fühlen.

Jetzt ist er eine Müllhalde.

Und dennoch

Und dennoch und dennoch
wird das Unmögliche möglich.
Und stößt den Schrei
der Zufriedenheit aus.
Und setzt sich
auf unsere Köpfe.
Und nistet sich ein.

Enttäuschung

Im Zuge der Enttäuschung
hat die Erregung
die Weiche gestellt
und dem klaren Kopf
einen Streich gespielt.

Harmonie

Wenn Geben und Nehmen
gleichberechtigt wären
und in Harmonie
miteinander leben dürften,
stünde dem eigenen Glück
nur noch die eigene Unfähigkeit
im Wege.

Attention (Songtext)

You caught my attention,
your eyes on mine.

Your words caused some tension,
some weird tender sigh.

Your smile stroke my body
like warm summer rain.

It was one of those days,
when love crossed our ways,
when pink covered all the gray
that kept the sun away.

Yet under a sky
so relentlessly high,
we knew
the last word was good-bye.

Sehnsucht

Die Sehnsucht
liegt in meinen Gedanken
an deine Nähe,
deine Worte,
deinen Mund.

Ungestillt,
wenn sie bleibt,
erwacht ein Schmerz,
der wächst
und wächst,
und wenn er
unerträglich wird,
wird er erwürgt.

Und mit ihm auch
die Sehnsucht.

Ohne Hast....

Kein Ziegelstein

löst sich aus dem Grund.

Der Augenblick

sitzt ohne Hast

auf dem Gesims.

Von Ferne

tickt

das monotone Lied der Uhr

und sagt:

„Ich habe Zeit."

Schnee von gestern

Und wenn Sehnsucht
ganz langsam
wie Schnee auf der Haut
zergeht,
bleibt ein sanfter Film,
der verschwommen
ein Bild von Vergangenheit
zaubert.

She's a Homemaker (Songtext)

She's a homemaker with a PHD.
Got her degree from a famous university.

She's a mother of three smart kids.
Married to a man and his tremendous wits.

She's a homemaker with a PHD.
Got her degree from a famous university.

She's a woman with emotions encaged.
A workaholic's wife, a dull and joyless life.

Laughing out loud and crying inside.
Loneliness kills, but who pays the pills.

Silent tears in a pillow, the kids sound asleep.
A house with a willow, it really looks neat.

She's a homemaker with a PHD.
Got her degree from a famous university.

*Yet the thoughts are struggling
how to change this life.
Letters to a husband,
his words sharp as knives*

*Dark feelings in a long lonesome night,
dreams of loving hands that hold you real tight.....*

When things break up

When things break up
and tears roll down
an endless slope
that does not care,
there's trembling emptiness
to mock the way you lost,
mixed with the bitter taste of battered words.

Liebesgedichte

"Love is in the Air"

Flatterndes Licht

Flatterndes Licht
mit leise aufflackernder Liebe vermischt.
Ein Hauch von Rosarot,
Worte, die duften wie weißes Brot.
Ein Dunst von Zärtlichkeit,
scheu zuckt die Erwiderung.

Sanft streichelt ein Atem
und flüstert
von zollfreiem Schenken.

Zuversicht

Im Glauben an dich
steigt die Zuversicht.
Schmiegt sich dicht an die Seite
des zitternden Ichs.
Erhellt das zaudernde Licht.
Macht sich breit.
Bettet sich weich.
Rodet das Dickicht.

Weit liegt die blühende
Landschaft vor mir.

Es ist die Zärtlichkeit

So schnell du einen Sturm entfachst,
so schnell verebbt er.

Es ist die Zärtlichkeit,
die Sanftheit deiner Stimme,
die zügelt, zähmt.

Und federleicht und weich und wohlig
fühl ich mich gebettet.

Peaceful

Peaceful
that's how I feel today.
The air is whispering
a word of praise.
In the gray sea of rain
lights are flickering.
From wet roofs.
faces are glittering
an admiring smile at me.

Friedlich

Friedlich bin ich heute gestimmt.

Es raunt die Luft mir ein Lobwort zu.

Im grauen Regenmeer

keimen die Lichter.

Aus nassen Dächern

funkeln Gesichter

bewunderndes Lächeln zu.

Weißt du.....

Weißt du,
mein Herz,
es schlägt wieder
lauter.
Und die Tage,
sie machen sich
wieder spürbar.

Feuer im Kamin

Feuer im Kamin.

Rote Wangen
und glühende Gedanken.
Die Fröhlichkeit
treibt Schönheit
in die Augen.

Keine Furcht
vor dem Anderen.

Feuer im Kamin.

Radikal

Ein Tropfen von Tag
hat sich verirrt
in ein Leben
voll Monotonie.
Dieser Tropfen hat
den Geschmack verwirrt,
ihn verändert,
ganz radikal.

Denn Gedanken
sind auf einmal laut
und der Alltag
farbenfroh.
In diesem Licht der Heiterkeit
strahlt
was einst matt
und fahl.

Liebe

Wenn deine Stirn an meiner ruht,
du wie ein Kind
Geborgenheit suchst,
dein Atem meine Wange streichelt,
wenn du die Augen schließt
und einschläfst,
wacht noch mein Blick auf dir.

Und seine Zärtlichkeit
ist Liebe.

Was ist das?

Ich liebe ihn! ruft meine Sehnsucht.

Liebt er mich wirklich? zweifelt meine Unsicherheit.

Er liebt eine Andere! kränkt sich mein Stolz.

Er wird dich verletzen! warnt meine Erfahrung.

Liebst du ihn trotzdem? fragt meine Vernunft.

„Den Faden verlieren" - Eine Liebesgeschichte mit geflügelten Worten

Es war einmal ein Faden, elends lang, immer in Sorge, sein Ende aus den Augen zu verlieren.

Manchmal – sollte es überhaupt vorkommen, dass er es schaffte, sich irgendwie vollkommen entspannt und ausgestreckt in der Sonne zu räkeln, vielleicht am Strand… - konnte das Ende nicht mehr hören, was sein Anfang glücklich in den Himmel seufzte.

Doch das Los des Anfangs war so gesehen kein Geringeres als das des Endes.

Anders war es, wenn der Anfang das Ende durch üppige Landschaft zog. Qualvoll mitunter der Weg über Stock und Stein, durch Gebüsch und Wald, immer mit der Gefahr konfrontiert sich ein Bein zu brechen!

„Wann nimmt dieser Weg endlich ein Ende?" beklagte sich das Ende des Fadens beim Anfang.

„Wann immer du willst!" äzte der Anfang. „Aber dann bist du ein Ende ohne Anfang! Und ohne Weg!"

Da schluckte das Ende und nahm sich vor, in Zukunft vorsichtiger mit seinen Äußerungen zu sein, denn es wollte den Anfang nicht erzürnen, ihn nicht verlieren!

Allerdings litt es sehr darunter, dass es ständig dem Anfang folgen musste, ob es wollte oder nicht, und dass ihm der Blick nach vorne nicht möglich war.

So wurde es immer verschlossener bis es schließlich ganz verstummte.

Die zwei lachten nicht mehr darüber, wenn das Ende mitunter gerade noch die Kurve kratzte ohne sich endlos zu verheddern oder wenn ihm ein spitzer Stein beinahe ein Haar gekrümmt hätte.

Da kam eines Tages ein Finger auf sie zu. Der wickelte den etwas verwickelten Faden mit größter Umsicht um sich herum bis einander Anfang und Ende verduzt von Angesicht zu Angesicht wieder fanden.

So nahe waren sie einander schon lange nicht mehr gewesen!

„Hi", hauchte das Ende dem Anfang zu, denn aus Verlegenheit hatte es seine Stimme wieder gefunden.

„Wie geht es dir?" fragte der Anfang sanft und erstaunt.

„Gut. Hier möchte ich bleiben!" seufzte das Ende leise.

„Es ist schön um den Finger gewickelt zu werden", errötete der Anfang des Fadens.

Schwarze Gedichte

Black is the Colour of my Thoughts …

Winterwind

Ich kann nicht
unter Menschen leben.
Die Einsamkeit
mit Krähenschwingen
macht sich breit.
Verdichten sich
die Gitterstäbe,
drängen nach innen
und stopfen mich voll
mit Zerrissenheit.
Die Tränen tropfen
leise und verstohlen
im unsichtbaren Ich.
Vertrocknend bleiben
ihre Krusten
Narben -
Eisblumen am Fenster,
Winterwind.

Der Regenbogen

Der Regenbogen
ist zersprungen.
Die frohen Farben tot.
Ein tolles Tier
hat mir
den Sieg entrungen.
Die Freude zertrampelt.
Den Tatendrang erwürgt.

Trost

Ich liege lebend
neben meiner Leiche
und rolle wogend
in den Traum
vom Tod.

Ich male Zeichen
in die Angst,
das Leiden
und schwelge träumend
im Trost,
im tränenreichen.

Schweigen

Jedes Wort scheint überflüssig.
Jedes Wort scheint,
sobald ich es ausgesprochen habe,
seinen Sinn verloren zu haben.
Jedes Wort stößt auf Widerstand
oder wird einfach
ignoriert.

Ich denke, es ist besser
zu schweigen.

Der Tod ist eifrig

Der Tod ist eifrig.
Gierig fährt er hinein ins Leben.
Schlägt zu
mit leiser Wucht.
Versetzt den Augenblick
in Aufruhr.
Und macht Verlust bewusst.

Wagemut

Die Angst,

die dir den Wind aus den Segeln nimmt,

ist stolzer als dein Stolz,

der der Beklemmung,

die dein Gehirn umfängt,

nicht trotzt.

Du darfst dich nicht beklagen.

Dein Wagemut

liegt irgendwo im Sand begraben.

Und andere können sich an ihm laben.

Und werden sich nicht fragen,

warum du dich dort hingebettet hast.

Angst

Klebrig, nasskalt,
verzerrt, feig grinsende,
grüne Morgendämmerung
mit stählernem Klang.

Tod im Blick
der erwachenden Stadt.
Fragezeichen auf den Lippen
der im Leben Versinkenden.

Angst in die Augen zaubernde,
erstickende Luft.
Verstört Suchender im Labyrinth
des unergründlichen Tageslichts.

Nasskalter, klebriger,
verzerrter,
grellroter Abend.
Todentschlummernde Nacht.

Im Bachbett

Verebbt, beinah vergraben,
sind nun die Worte,
die einst so mühelos das Schweigen sprengten.

Dumpf und verbittert scharrt die Fröhlichkeit
im Bachbett.
Und sucht verzweifelt einen Weg hinauf
ins grüne Gras.

Zakynthos: Ein Stein im Sand

Ich bin ein Stein im Sand, vom Dasein gezeichnet. Wind, Wetter und Umgebung haben Spuren hinterlassen.

Pockennarbig, zerfurcht, uneben ist mein Gesicht. Geduckt, versteckt, weil Angst vor dem erschrockenen Blick der anderen, vor dem Ausdruck des Mitleids und der Verlegenheit, dem besorgten Ringen des Gegenübers um Worte, friste ich mein Strandleben.

Im Zentrum oder dort, wo es einst war, eine Nase, die vorspringt wie ein Fels und mit ihren Ein-und Ausbuchtungen an Hässlichkeit nicht zu überbieten ist.

Niemand, der dieses Gesicht streicheln, niemand, der seine Besonderheit entdecken wollte?

Vertrocknet sind Krusten und Narben, nach Innen zurückgezogen um dort ihr Unheil anrichten zu können.

Gemieden, weil unfähig, den Teufelskreis zu durchbrechen.

Wohin soll das führen?

Ins tiefe Meer?

Some Fun

Der Gockel

Es krähte ein Gockel
in seinem Stall.
Sein Krähen blieb
ohne Widerhall.

Die Hennen, sie scharrten.

„Der Gockel kann warten!
Wir geben ihm einen Ball!"

Ort

Es führt eine Straße
nach Ort.
Von dort fährt jeder
gern fort.

Was soll ich noch sagen?
Es wär nicht zu ertragen!

Darum verlier ich
kein Wort.

Es fuhr einst ein Schüler nach Linz.
Er trug wohl den Namen Binz.

Er traf seinen Lehrer...
Wo kam denn bloß der her!

„Ich freu mich nur mäßig, Herr Hinz!"

Er kann über Witze nicht lachen.
Er gönnt sich ganz andere Sachen.

Er geht ordentlich essen,
eigentlich grenzt das an fressen,

und lässt es dann ordentlich krachen.

May

In the middle
of May
we went to the bay
to say,

„What a day!
Let's stay!"

Ganz schamlos (Songtext)

Lass mich doch mal unter deine Haut schlüpfen.
Das wär doch mal was anders,
als immer hin- und her zu hüpfen
zwischen dir und mir.

Lass uns doch mal wieder was sagen .
Das wär doch mal was anders,
ohne diese stummen Fragen
zwischen dir und mir.

Das wär doch schön,
mal ganz was anders!

Senden wir uns doch mal Worte
ohne Pfeile,
die dennoch landen ohne Eile
und ohne Langeweile
zwischen dir und mir.

Lass uns doch mal ganz schamlos sein.
Das wär doch mal was anders,
als immer nur herumzuhängen
zwischen dir und mir.

Das wär doch schön, mal ganz was anders!

Erinnerungen an schöne Tage

Those were the days.....

Rust am See

Spinnweben
umwehen.
Berühren
und kleben
am Körper.
Weich
auf der Haut.
Die Luft -
ein Frühlingsmantel.

Am Wasser
die Laute.
Verschiedenste.
Von einer Vielfalt
an Vögeln.
Ohne Rücksicht
auf Tonalität.

Einfach so.
Und doch im Einklang.

Aus dem Leben einer Palme

Gewidmet: Meiner Maturaklasse 2006/07, die fünf Jahre lang mit
mir als Klassenvorstand und einer Topfpflanze die Zeit durcheilte
(aus dem damaligen Jahresbericht)

Als ich vor fünf Jahren mit einigen anderen Pflanzen meinen Weg in eure Klassenmitte fand, war ich eine kleine, schüchterne Palme.

Während meine Klassenkameradinnen dahinsiechten – manche verhungerten, andere ertranken – gedieh ich, wenngleich anfangs kaum erkennbar und mit fast täglich hängenden Blätterarmen, weil am Rande der Erschöpfung aufgrund der fehlenden oder falschen Zuwendung. Abgestandenes Coca Cola entsprach nicht unbedingt meinen Vorstellungen von gesunder Ernährung.

Zwischendurch und immer wieder ließen einige von euch, an die ich mich vielleicht hätte gewöhnen können, die Köpfe hängen und verabschiedeten sich sang-und klanglos.

An so manchen Tagen und mitunter Wochenenden, an denen ich unfreiwillig auf Diät gesetzt wurde, musste ich alleine in der Klasse ausharren und sehnsüchtig auf frisches Lebenselexier warten. Ich zwang mich jedes Mal zu einer Art Winterschlaf oder Winterstarre um dann fast zu Tode erschrocken und erleichtert zugleich die mir immer vertrauter werdenden

Stimmen nach den Phasen meiner Askese wahrzunehmen. Endlich!

Schon für die spärlichste Aufmerksamkeit bedankte ich mich mit frischen Blättern, hatte ich mich doch zu einer Meisterin der Genügsamkeit entwickelt.

"Das Leben ist hart!" Doch ich blieb guten Mutes.

Und es geschah! Immer seltener musstet ihr von einer weiblichen Stimme auf meinen bedauernswerten Zustand aufmerksam gemacht werden. Sogar für die Coolsten unter euch entwickelte sich der Griff zur uncoolen grünen Gießkanne zu einer Selbstverständlichkeit und wurde ohne ätzendes Widerstreben akzeptiert.

Ihr lerntet tatsächlich mit mir umzugehen und meine bescheidenen Wünsche zu stillen - bis es sich erübrigte an mich erinnert zu werden.

Ich fühlte mich auf einmal sichtbar und empfand meine Anwesenheit als unverzichtbar.

Dreimal musste ich umgepflanzt werden, weil ich vor Lebensfreude aus dem Topf quoll. Mein Platz in der Klasse war ein beachtlicher geworden und mein Grün versprühte gute Stimmung.

Ein wenig Verantwortung zu übernehmen, trägt eben Früchte. (oder Blätter). Ehrlich gesagt, ich bin stolz auf mich, dass ich es geschafft habe, trotz aller Höhen und Tiefen, und stolz auf euch, die ihr es geschafft habt, mit Toleranz, Fleiß (?),

Humor und Zielstrebigkeit diesen langen Weg gemeinsam zu gehen und erfolgreich ans Ziel zu gelangen. Congratulations!

Vielleicht vergesst ihr mich auch nicht ganz oder erinnert euch zumindest unter Palmen daran, wie schnell doch diese fünf Jahre vergangen sind und dass sie trotz mancher Mühen eigentlich recht schön waren.

Nun erlaubt mir noch eine Frage: Wo werde ich eigentlich mein weiteres Dasein fristen?

Eure etwas nachdenkliche Palme

Stationen eines Aufenthalts

1. Im Kloster wohnen,
sich des Nächtens trotz hellen
Himmels
mit einem Glas Rotwein
durch fremde Gärten
ans Wasser stehlen.
Um leise miteinander zu reden
am Wasser der Schlei.
Alles im Lot.
Ruhe.

2. Weißer Sand
an breitem Strand.
Ein Leuchtturm,
rot, erhaben im Hintergrund.
Und ein Meer so kalt,
dass das Herz laut pocht.
Haar, das im Wind fliegt,
einen verwundbaren Blick
umspielend,

während ein weißes Gesäß
langsam im Meer verschwindet.
Ostseestrand

3. Mit einem Kleinauto
an sich wiegenden Feldern entlang,
an reedbedeckten Häusern vorbei
nach Maasholm.
Ein Krabbenbrötchen essend,
unter lebhaftem Himmel
auf Steinen am Strand sitzend,
nebeneinander,
gedankenverloren,
vor bewegtem Wasser,
Kitesurfer hier und dort.
Ohne Worte,
die Haare zerzaust,
zufrieden.

Eintracht.